Allen Shi
Philipp Rautenberg

Recolha e armazenamento de dados móveis

Allen Shi
Philipp Rautenberg

Recolha e armazenamento de dados móveis

ScienciaScripts

Cover image: www.ingimage.com

This book is a translation from the original published under ISBN 978-3-659-83279-6.

Publisher:
Sciencia Scripts
is a trademark of
Dodo Books Indian Ocean Ltd. and OmniScriptum S.R.L publishing group

120 High Road, East Finchley, London, N2 9ED, United Kingdom
Str. Armeneasca 28/1, office 1, Chisinau MD-2012, Republic of Moldova, Europe
Printed at: see last page
ISBN: 978-620-8-27003-2

ÍNDICE DE CONTEÚDOS

Resumo

O crescimento da utilização de telemóveis é muito forte nos últimos anos, temos mais utilizadores de telemóveis e mais tráfego de dados móveis, o que provoca a revolução da recolha de dados. Um problema comum na recolha de dados são as despesas com a recolha de dados de diferentes fontes de dados. Uma solução existente consiste em externalizar as tarefas para poupar despesas de pessoal e de deslocação, o que se designa por deteção participativa[1] ou deteção comunitária[2].

Há mais algumas questões que merecem ser discutidas neste projeto de livro: Que tipo de dados podemos recolher nos dispositivos móveis? Por que razão utilizamos os telemóveis para recolher dados? A precisão é suficientemente boa para fins de investigação? Como é que armazenamos os dados?

Neste projeto, analisaremos os requisitos do crowdsensing de dados móveis, apresentaremos uma solução de recolha e armazenamento de dados através do desenvolvimento de um protótipo de cliente móvel e integrá-lo-emos com o back-end do serviço adequado através da API Rest.

Agradecimentos

O trabalho aqui apresentado nunca poderia ter sido realizado sem a ajuda de muitas outras pessoas.

Em primeiro lugar, agradeço aos meus dois conselheiros, Dr. Philipp Rautenberg, da Biblioteca Digital Max Planck, e Jose Rivera, da TUM, por me terem ajudado e por terem passado tanto tempo a discutir comigo.

Dr. Hans-Arno Jacobsen, da Universidade Técnica de Munique, pelo seu apoio neste livro e por me ter introduzido no domínio dos sistemas distribuídos.

Gostaria de agradecer a todos os membros do Grupo de Inovação da Biblioteca Digital Max Planck por proporcionarem um excelente ambiente de trabalho. Em particular, gostaria de agradecer a Lu Yu e Bastien Saquet por muitas discussões esclarecedoras.

Por último, mas não menos importante, gostaria de agradecer aos meus pais por me terem sempre apoiado

CAPÍTULO 1
INTRODUÇÃO

Neste capítulo, serão apresentados os conceitos fundamentais necessários para os capítulos seguintes. Para começar, primeiro, vamos compreender o problema de que estamos a gerar cada vez mais dados, mas não temos uma forma flexível de recolher esses dados na perspetiva do utilizador normal. Em seguida, temos uma proposta de abordagem com um servidor de back-end e uma aplicação de front-end para preencher a lacuna entre o problema e os requisitos.

1.1 Declaração do problema

Já estamos num mundo em que cada vez mais tecnologias e negócios são impulsionados por dados, a recolha de dados é a primeira fase do processo típico de análise de dados. O Mobile Crowdsensing[3] tem sido a nova tendência que proporciona uma forma eficaz de recolher dados com a ajuda de sensores colectivos e dispositivos informáticos. O número de dispositivos móveis está a crescer rapidamente em todo o mundo, quer se trate de cientistas, engenheiros ou mesmo trabalhadores a tempo parcial, seria extremamente útil recolher alguns dados utilizando um dispositivo móvel. Mas, normalmente, os utilizadores só podem obter alguns dados brutos sem metadados valiosos, como dados de geo-localização ou metadados personalizados e até mesmo a combinação destes. Os pormenores relativos aos metadados serão abordados no capítulo 4.

Por outro lado, já temos o Imeji desenvolvido e publicado. O Imeji [1]é um repositório de dados científicos multimédia de fonte aberta com gestão de metadados dedicada, desenvolvido principalmente pela Biblioteca Digital Max Planck, pelo Instituto de Arte e História Visual da Humboldt-Universitat zu Berlin e pelo Konrad Zuse Internet Archive da Freie Universitat [1] Berlin. A Imeji oferece uma gestão de metadados dedicada, suportando uma definição de esquema de metadados não restritiva, tão simples quanto desejado ou tão complexa quanto necessário.

Além disso, o backend de armazenamento de dados flexível para os vários dados que recolhemos de diferentes situações, o que significa que o backend deve ser capaz de lidar com formatos de metadados arbitrários. Deve ter alta disponibilidade, escalabilidade e tolerância a falhas para fornecer um serviço de nuvem de backend robusto. Queremos conceber uma aplicação móvel para que os utilizadores tenham uma experiência de interação flexível e um poderoso backend de armazenamento de dados. Assim, os analistas de dados podem aceder aos dados recolhidos e obter os resultados da análise a

[1]http://imeji.org/

partir dos serviços de backend.

1.2 Abordagem

Os projectos visam responder à necessidade de recolher dados facilmente, em qualquer lugar e a qualquer momento, por qualquer pessoa, bem como de analisar os dados recolhidos. Para realizar esta tarefa, dividimos o sistema em três partes principais:

No front-end, vamos desenvolver uma aplicação Android para que os utilizadores possam recolher dados facilmente sem qualquer custo adicional do ponto de vista de tempo e dinheiro. Nos dispositivos móveis mais modernos, existem muitos sensores incorporados que podem ser utilizados para a recolha de dados. A maioria dos sensores não tem uma precisão elevada, mas é suficiente para situações comuns. Para alguns requisitos de elevada precisão, como as informações GPS, podemos tratar os dados após a recolha na fase de pré-processamento da análise de dados.

Podemos ver os sensores mais importantes dentro dos nossos telemóveis na Figura 1.1. A aplicação tem uma interface de recolha de dados para recolher dados multimédia como imagens, áudios e vídeos utilizando o sensor da câmara. Entretanto, a aplicação recolhe os metadados como o GPS, a hora, o endereço com base no GPS e o tipo de ficheiro de dados no backend com base na permissão concedida pelo utilizador da aplicação. O utilizador pode gerir os dados recolhidos localmente e carregá-los para o armazenamento backend, se assim o desejar. O Android comunica com o servidor de backend através da API REST normalizada.

No backend, o servidor fornece o serviço de armazenamento para a aplicação e uma API REST para comunicação. Esta parte não é o tópico deste artigo, apenas iremos empregar o backend como o componente de todo o sistema. A API será explicada claramente num dos capítulos seguintes, mas veremos o interior do backend como uma caixa negra.

Além disso, fazemos a recolha e o armazenamento de dados porque queremos fazer a análise de dados em na etapa final, pelo que o conceito de micro-serviços para análise fará parte da arquitetura. Os microsserviços [9] foram propostos pela primeira vez pelo Dr. Peter Rodgers, que divide um grande serviço em nuvem em pequenos componentes e cada componente funciona como um microsserviço de forma independente, o que permite obter um baixo acoplamento e uma elevada disponibilidade no sistema global.

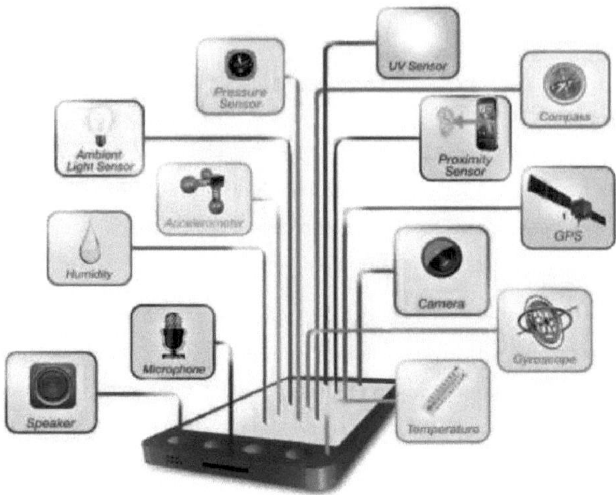

Figura 1.1: Sensores móveis

1.3 Estrutura do livro

Neste documento, começamos por apresentar uma breve panorâmica dos trabalhos relacionados no capítulo 2. Em seguida, descrevemos a metodologia que desenvolvemos com base no problema e nos requisitos ao nível da arquitetura, analisando os componentes da aplicação e o modelo de objeto no capítulo 3. Em seguida, vamos apresentar as funcionalidades da API REST do backend da Imeji e as implementações principais do Cliente Android do Coletor de Dados nos capítulos 4 e 5. Temos três partes principais do design da IU da aplicação: A vista do fluxo de trabalho, o visualizador da lista de dados e a vista do ponto de interesse. Finalmente, o resultado da avaliação do protótipo da APP será apresentado no capítulo 6. O artigo termina com uma conclusão no capítulo 7.

1.4 Condições

Item de dados O item de dados é um objeto de dados que armazenamos no sistema, podendo ser uma imagem, áudio, vídeo ou outros formatos comuns.

Metadados Os metadados são os dados que descrevem o elemento de dados. Por exemplo, dados GPS, nome do elemento de dados, etiqueta, descrição do elemento de dados.

Perfil O perfil é o metadado de um conjunto de metadados. Descreve a forma como os metadados estão organizados e quais são os tipos possíveis desses metadados.

Coleção A coleção é uma pasta que contém alguns itens de dados semelhantes, uma coleção é um mapeamento um-para-um para um perfil. Assim, todos os elementos de dados da mesma coleção devem ter a mesma estrutura de metadados.

POI POI é a abreviatura de Point of Interest (Ponto de Interesse), um POI é um ponto na vista do mapa que contém muitos itens de dados para descrever o POI.

Activity Activity é o controlador de visualização no Android, que vai buscar dados à camada Model e preenche esses dados na sua camada View correspondente. Normalmente, cada Activity controla uma visualização de ecrã no Android.

Fragmento Fragmento é uma parte da atividade, o que significa que uma atividade pode conter muitos fragmentos e um fragmento pode ser reutilizado por muitas actividades. Esta é uma caraterística flexível para trabalhar com diferentes tamanhos de ecrã.

CAPÍTULO 2
TRABALHO RELACIONADO

Existem muitas investigações centradas na recolha de dados móveis, que podem ser divididas basicamente em duas categorias: Recolha de dados genéricos e recolha de dados específicos do domínio.

2.1 Recolha de dados genéricos

Vejamos dois exemplos de recolha de dados genéricos: O documento "Mobile Crowdsensing: Current State and Future Challenges"[3] apresenta-nos o conceito de mobile crowdsensing e aponta as caraterísticas únicas do mobile crowdsensing. Por exemplo, os dispositivos móveis estão normalmente equipados com capacidades de deteção multimodais e as pessoas transportam esses dispositivos para onde quer que vão e para o que quer que façam. Podemos tirar partido destas caraterísticas para criar aplicações de deteção de forma eficiente. Por outro lado, existem alguns desafios de investigação, como as limitações de recursos, a privacidade, a segurança e a integridade dos dados.

Em "Large-scale mobile data collection"[4], Daniel T. Wagner descreveu a arquitetura do seu sistema para a recolha e análise do conjunto de dados altamente distribuídos, discutiu a forma como o seu sistema pode recolher dados de séries temporais de forma fiável na presença de informações de tempo não fiáveis e discutiu questões e lições aprendidas.

Foram propostas mais algumas estruturas[5] para a recolha de dados em geral. No artigo, Cardone apresenta uma estrutura de deteção móvel em que um sistema de gestão monitoriza as actividades de eventos do telemóvel e cada pipline trata dos eventos do utilizador. A estrutura permite que os programadores alterem o comportamento da estrutura através da configuração
de forma flexível e dinâmica.

2.2 Recolha de dados específicos do domínio

No que diz respeito à investigação em domínios específicos, analisámos três aplicações típicas de domínios específicos: Uma plataforma de recolha de dados móveis para investigação em saúde mental [6], Compreender os padrões de mobilidade individual a partir de dados de deteção urbana: Um exemplo de rastreio móvel [7] e Recolha e análise de dados de identificadores de dispositivos móveis para fins de informação sobre transportes: Applications, Uncertainty and Privacy[8]. No entanto, o domínio específico não é o caso que vamos estudar, pelo que nos concentraremos mais na investigação genérica sobre a recolha de dados neste livro.

CAPÍTULO 3
METODOLOGIA

Tal como descrito no capítulo Introdução, analisámos os requisitos do sistema e propusemos uma solução global para a recolha, o armazenamento e a análise de dados móveis. Embora este documento se concentre na parte da recolha de dados baseada em dispositivos móveis, começamos por analisar toda a arquitetura do sistema para ter uma visão global. Este capítulo é a base teórica para mostrar como construímos o sistema, a parte de fundo será apresentada no capítulo 4 e a parte do cliente móvel, que é a parte essencial deste livro, será descrita no capítulo 5.

3.1 Análise de requisitos

Como mostrámos na secção relativa ao enunciado do problema, precisamos de uma aplicação para dispositivos móveis para recolher e carregar dados, que requer um serviço de backend para manter os dados e gerir os metadados. Discuti com os meus conselheiros e com o colega do MPDL, todos pensamos que a aplicação deve ser fácil de utilizar e que a interface do utilizador tem de ser simples para os utilizadores não técnicos.

3.1.1 Requisitos funcionais

Os requisitos funcionais respondem à questão de saber o que é suposto o software fazer. Chegámos ao seguinte conjunto de requisitos, que são descritos por casos de utilização típicos. A Figura 3.1 é o diagrama de casos de utilização que descreve a forma como um utilizador pode interagir com a aplicação. Escolhemos alguns casos de utilização importantes para explicar a análise dos requisitos funcionais do sistema.

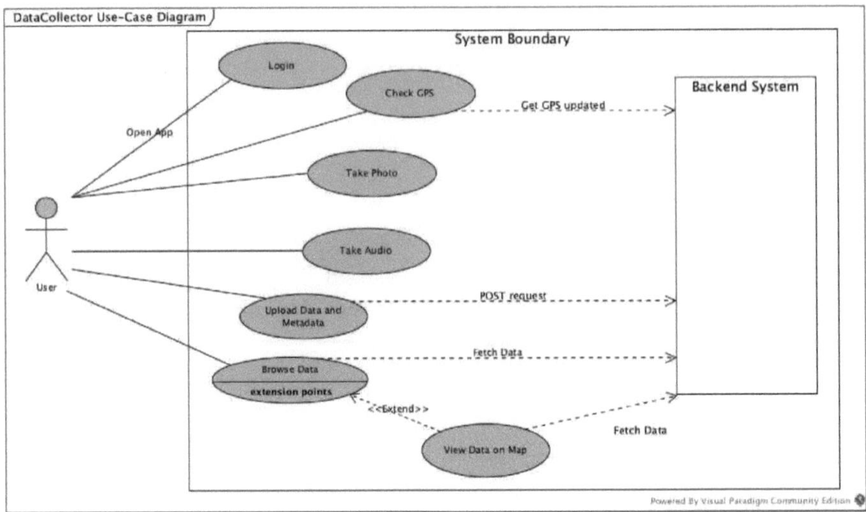

Figura 3.1: Diagrama de casos de uso

Use case 1	Authentication
Actor	App User
Brief Description	As a user, I can login with a personal account so that my private information and data can be protected.
Precondition	User has one account of the system
Basic Flow of Events	1. The use case begins when user opens the login view. 2. User types in username and password of system and tap the login button. 3. App response login successful or not, if yes navigate to the main view.

O caso de utilização 2 é o fluxo de trabalho típico da recolha de dados multimédia na aplicação; outro tipo de dados pode ser feito de forma muito semelhante.

Use case 2	Take Photo
Actor	App User
Brief Description	As a user, I can take a photo or chose a image from mobile device.
Precondition	The device has a camera and user opened the collector UI
Basic Flow of Events	1. The use case begins when user opens the collector view and pressed the sensor button. 2. User chooses the camera sensor icon. 3. App jump to the native camera App and wait the user finish taking a photo. 4. After taking photo is done, the App execute the callback function and get the photo data, thus App show the image on the preview view. 5. If User is not satisfy with the photo, he or she can redo the flow.

Use case 3	Upload Data
Actor	App User
Brief Description	As a user, I can save the collected data locally and decide which data to upload
Precondition	User has already login, user has already some data saved in the App and the mobile device connects to Internet
Basic Flow of Events	1. The use case begins when user opens the upload view. 2. User first see a view list that all data be to uploaded. 3. If the user confirm data is fine to be transformed, he or she taps the upload button and wait the response. 4. The App POST request to REST server and shows the response successful or not.

Use case 4	View Data on POI
Actor	App User
Brief Description	As a user, I can view the data i collected in the intuitive view on map
Precondition	User has already login, user has already some data uploaded to server and the mobile device connects to Internet
Basic Flow of Events	1. The use case begins when user open the POI tab view. 2. The App shows the thumbnail of the data as markers on the map. 3. When user clicks the marker, the App atomatily zoom in to the location where the marker located as a POI.

3.1.2 Requisitos não funcionais

Os requisitos não funcionais descrevem as propriedades do sistema, respondem à qualidade do sistema. Neste projeto, preocupamo-nos com dois tipos de requisitos não funcionais: requisitos de desempenho e requisitos de qualidade.

Alguns requisitos de desempenho típicos são o tempo de resposta do sistema, a disponibilidade, o número de utilizadores simultâneos e o número de transacções processadas, o que se designa por débito. Estas métricas de desempenho dependem em grande medida do servidor backend, que não é o tema central deste livro.

Requisitos de qualidade

- A usabilidade mede a facilidade com que os actores podem executar uma função do sistema[11]. Mas é frequente o equívoco de que a usabilidade pode ser simplesmente descrita como a facilidade de utilização do sistema. A usabilidade deve ser mensurável[10], por exemplo, medimos o número de passos necessários para carregar um dado com a nossa aplicação.

- Robustez, que é a capacidade de um sistema manter uma função. Se acharmos que a aplicação não falha com frequência, isso significa que o sistema é suficientemente estável contra muitos cenários de utilização diferentes. Podemos registar o registo de falhas e testar em diferentes dispositivos para atingir esse requisito, o que faremos no capítulo de avaliação.
- A facilidade de manutenção mede a facilidade com que um sistema pode ser modificado por

um programador para corrigir defeitos, lidar com novos requisitos ou lidar com um requisito alterado. Para alcançar a facilidade de manutenção, os componentes do sistema devem ter um acoplamento flexível, pelo que o padrão MVC do Android, o serviço REST do servidor e o conceito de mirco-serviço de análise foram concebidos para atingir esse objetivo.

- A segurança é a proteção dos dados contra incidentes intencionais, como ataques informáticos ou de rede, vírus e cavalos de Troia. Para a aplicação, o mais importante é a segurança dos dados, não só para os tornar seguros durante o carregamento ou descarregamento, mas também durante o armazenamento.

3.2 Arquitetura do sistema

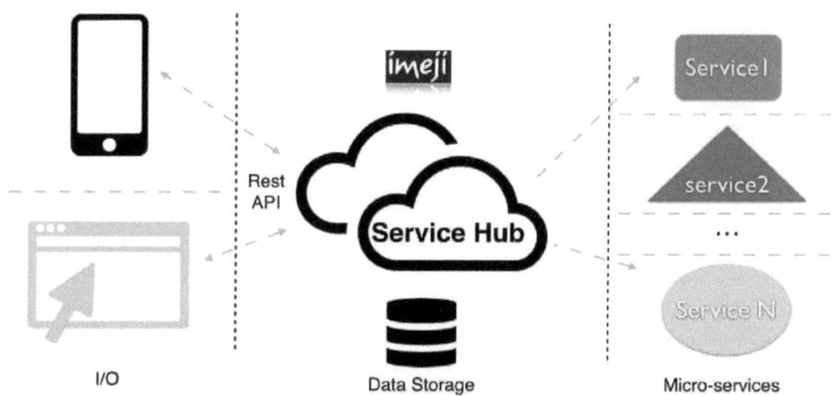

Figura 3.2: Arquitetura do sistema

Na Figura 3.2 podemos ver a arquitetura que propusemos para a solução. Basicamente, todo o sistema pode ser visto como três componentes conceptuais:

1: A parte do cliente móvel, que é o principal trabalho em que nos concentramos neste documento. Os dados devem ser recolhidos através dos dispositivos móveis de forma fácil e sem custos adicionais. No nosso caso, implementámos uma aplicação Android para as interações do utilizador.

2: O componente de armazenamento de dados que fornece a interface REST padrão para o cliente móvel e armazena os dados. A conceção dos metadados e a API REST são os pormenores técnicos mais importantes que nos preocupam.

3: O Analysis Services, que aplica o conceito de micro-serviços para efetuar a análise de dados. Recupera dados do armazenamento de dados e gera resultados de análise. Não entraremos em pormenores sobre a parte da análise, mas seria a motivação original pela qual recolhemos dados.

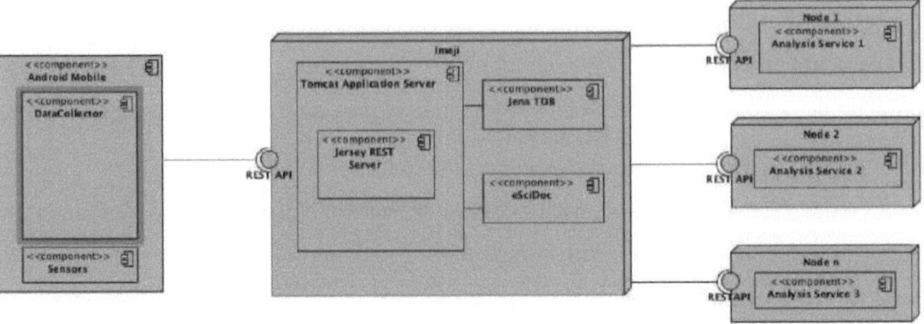

Figura 3.3: Diagrama de implantação

A Figura 3.3 ilustra os componentes da aplicação do ponto de vista do Diagrama de Componentes: uma aplicação Android instalada no telemóvel, um servidor Imeji implementado no contentor Apache-Tomcat. No servidor Imeji, fornecemos uma interface REST através do motor Jersey REST. Os dados são armazenados na TDB do Jena e o eSciDoc é um armazenamento opcional. Por último, e não menos importante, podem ser desenvolvidos micro-serviços com base nos requisitos de diferentes propostas de análise.

3.3 Cliente móvel

3.3.1 Dispositivos móveis em destaque

Algumas caraterísticas importantes dos dispositivos móveis que temos de ter em conta para implementar uma aplicação baseada em dispositivos móveis:

- É fácil ter um à mão em qualquer altura e em qualquer lugar e o custo de um dispositivo móvel pode ser suportado pela maioria das pessoas. Entretanto, isso significa que a qualidade dos dados recolhidos a partir do dispositivo móvel não seria muito precisa. As condições dinâmicas dos dispositivos móveis levam a alguns ajustes que temos de fazer quando recolhemos os dados e após o trabalho de recolha.
- O dispositivo móvel é muito limitado em termos de potência de cálculo, tempo de espera, velocidade da rede, E/S como o ecrã e o teclado. Por isso, a aplicação de recolha não deve ser muito difícil de utilizar, por exemplo, deve evitar-se pedir ao utilizador que escreva grandes blocos de texto no dispositivo móvel. A maior parte dos dados dos sensores pode ser recolhida automaticamente em segundo plano, mas, entretanto, surgem também preocupações com a privacidade. Esta questão será abordada no capítulo Avaliação.
- Muitos tipos de hardware diferentes, especialmente para telemóveis Android, pelo que não se

pode esperar que a qualidade dos dados dos sensores seja padrão. Existem 18 796 dispositivos Android distintos no marcador até agosto de 2014. [2] Isto inclui alguns dispositivos de uso pessoal que podem ter mais potencialidades para cenários mais flexíveis e fronteiriços de recolha de dados.

3.3.2 Sensores móveis

Um sensor é um conversor que mede uma quantidade física e converte os dados em formato digital. A maioria dos dispositivos móveis tem sensores incorporados que já são capazes de fornecer dados brutos de alta precisão e exatidão na maioria dos casos comuns.

- A câmara é um dos sensores com maior impacto no dispositivo móvel, permitindo ao utilizador tirar fotografias instantaneamente. No projeto, utilizamos fortemente o sensor da câmara para recolher dados visuais.
- O sensor de áudio pode captar a onda sonora, que é outro sensor básico nativo do dispositivo móvel, e combiná-lo com a câmara torna possível a gravação de vídeo.
- O GPS é um sensor de posição típico para determinar a localização física do utilizador. A precisão do sensor GPS no exterior pode ser de cerca de 10 metros.
- Os sensores de infravermelhos podem ser utilizados para detetar a distância e o alcance. Funcionam emitindo uma certa quantidade de luz infravermelha e verificando a quantidade de luz reflectida. É muito utilizado para medir distâncias mais curtas, que são inferiores a um metro.
- Os sensores de movimento são outra categoria importante nos dispositivos móveis, normalmente constituídos por acelerómetros, sensores de gravidade e giroscópios. Os acelerómetros medem a alteração da velocidade em dimensões axiais, enquanto o giroscópio é um sensor que pode fornecer informações sobre a orientação. A combinação destes sensores pode dar origem a uma unidade de deteção de movimentos com seis graus de liberdade IMU - Inertial measurement units (unidades de medição inercial).
- Sensores ambientais: humidade, temperatura e humidade, os três principais sensores ambientais estão cada vez mais presentes nos dispositivos móveis modernos, fornecendo muitas informações valiosas sobre a natureza que o utilizador não pode medir de forma quantitativa e precisa.

[2] http://opensignal.com/reports/2014/android-fragmentation/

3.3.3 Comparação de plataformas móveis

Aplicação Web pura

Uma das soluções para aplicações móveis consiste em desenvolver a aplicação móvel com base em HTML5 puro, tal como se desenvolve uma página Web tradicional. Há muito que se discute se devemos escrever aplicações em código nativo em cada plataforma ou se as devemos construir em HTML5. Algumas estruturas HTML5 famosas têm atraído cada vez mais atenção, como a Sencha Touch [3] e a Jo [4], que permitem criar aplicações HTML5 com aspeto nativo utilizando JavaScript.

Em comparação com a norma HTML atual, o HTML5 tem alguns atributos de controlo novos, como número, data e intervalo. Novos elementos gráficos svg e canvas. Novos elementos multimédia, áudio e vídeo, que são poderosos para a representação multimédia. Existem mais algumas API de hardware local, mas estas API ainda são imitadas, tendo em conta a velocidade de desenvolvimento dos dispositivos móveis.

A maioria das estruturas HTML5 fornece um conjunto de componentes de IU predefinidos e faz com que a utilização seja semelhante à de uma aplicação nativa, mas a parte crítica está ao nível da API de hardware. Dado que o hardware está a evoluir muito rapidamente, mesmo a nova norma HTML5 não pode apresentar imediatamente todas as novas API da moda. Por exemplo, a Apple não abrirá a nova API touchID para os programadores HTML5 por algumas razões de estratégia de concorrência. Para alguns dos mais recentes dispositivos inteligentes baseados em Bluetooth, o controlador de dispositivos de terceiros pode ser um grande problema para os programadores de HTML5. Pelo menos por enquanto, a aplicação Web pura não é a primeira escolha para desenvolver uma aplicação móvel.

Córdova

Na primeira fase inicial deste projeto, tínhamos considerado trabalhar numa abordagem híbrida como o Apache Cordova. O Apache Cordova é uma estrutura de desenvolvimento móvel de código aberto. Permite-lhe utilizar tecnologias Web padrão, como HTML5, CSS3 e JavaScript, para o desenvolvimento multiplataforma[5] . Basicamente, o Cordova é um super navegador Web nativo que pode ser instalado na maioria das plataformas comuns, o seu código HTML e JavaScript está a ser executado no navegador no nível superior. O Cordova fala com o sistema operativo móvel nativo, como o Android ou o IOS, com a ajuda de plugins Cordova. O Cordova publicou muitos plugins oficiais, da mesma forma que qualquer pessoa pode escrever o seu plugin individual personalizado para alguns fins especiais na linguagem de programação nativa correspondente.

[3] https://www.sencha.com/products/touch
[4] http://joapp.com/
[5] http://cordova.apache.org/docs/en/5.0.0

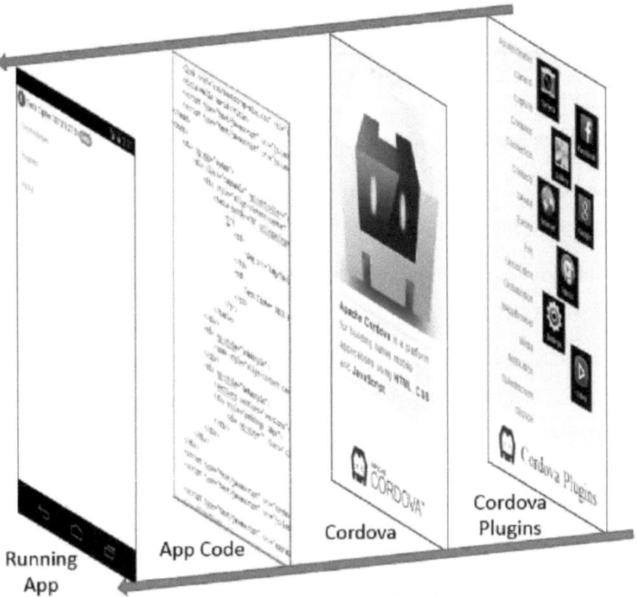

Figura 3.4: Estrutura do Cordova

A Figura 3.4 mostra a estrutura de como o Cordova lida com o problema da plataforma cruzada, o código na camada UI pode ser escrito uma vez e executado em qualquer lugar. Esta é uma das melhores vantagens de usar o Cordova como plataforma de desenvolvimento, mas, entretanto, se quiser escrever alguns plugins personalizados, a linguagem de programação nativa ainda é necessária.

Nativo APP VS Cordova

	Native APP	Web APP	Hybrid App
Performance & Stability	Good	OK	OK
Offline	Good	Bad	OK
Cross-platform	No	Yes	Yes
Mobile Local Resources API	Rich	Poor	Depends
APP Store Visibility	Yes	No	Yes
Programming Skills	Java, Object-C	HTML5+CSS3+ JavaScript	Both
Work Load	Not easy but concentrated	Same with Web development	Easier but trivial

Tabela 3.1: Comparação de plataformas de aplicações

Na Tabela 3.1, podemos ver a comparação de três soluções principais para o desenvolvimento de aplicações móveis. Existem alguns compromissos:

1: A solução híbrida requer mais tempo para implementar a interface do utilizador.

2: O desempenho seria crítico quando queremos efetuar algum processamento básico, por exemplo, cortar o áudio ou marcar alguns marcadores na fotografia.

3: As API de nível inferior seriam um problema porque a nossa aplicação está mais centrada em hardware e sensores de nível inferior.

4: Começámos a trabalhar com o método híbrido na primeira fase e descobrimos que a API de hardware é o ponto de estrangulamento. Dado que a nossa aplicação esperada se baseia fortemente nos sensores do dispositivo móvel, mesmo que aproveitemos as vantagens do Cordova em termos de plataforma cruzada, continuamos a precisar de personalizar alguns plugins de sensores para diferentes sistemas operativos móveis. Este seria o trabalho adicional para um programador Web.

3.3.4 Plataforma Android

Decidimos construir a aplicação com base na plataforma Android, que é um sistema operativo móvel de código aberto baseado em Linux. Tem sido amplamente utilizado em muitos tipos diferentes de de dispositivos, pelo que dominou o mercado com cerca de 80,0% de quota[6] , de acordo com a IDC, que é o principal fornecedor mundial de informações de mercado e eventos para os mercados das tecnologias da informação, das telecomunicações e das tecnologias de consumo. Uma aplicação criada na plataforma Android pode abranger a maior parte dos utilizadores móveis.
A aplicação Android baseia-se no padrão MVC: o modelo, a vista e o controlador são três componentes essenciais de uma aplicação móvel.

O modelo representa todos os objectos na aplicação, construímos o modelo de dados específico do domínio na parte do modelo. O controlador recupera os dados do modelo e representa-os na camada de visualização. Quando ocorrem alterações na camada de modelo, o controlador é notificado. Discutiremos mais pormenores sobre a nossa camada de modelo no capítulo 5. Na figura 3.5, podemos ver como funciona esta interação.

[6] h ttp://www.idc.com/prodserv/smartphone-os-market-share.jsp

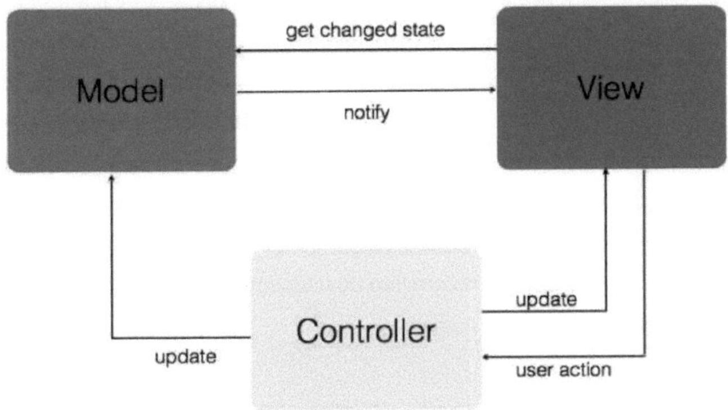

Figura 3.5: Padrão MVC

O controlador é a parte fundamental do MVC, pois controla o aspeto da camada de visualização abstrata em diferentes casos, carregando diferentes dados da camada de modelo para a camada de visualização ou modificando os elementos da camada de visualização. Por exemplo, quando um utilizador percorre uma vista de lista para baixo, o controlador da vista de lista vai buscar dados à camada de modelo e preenche dinamicamente os novos dados na camada de vista. Outro caso é se um utilizador modificar os dados na camada de visualização, o controlador aplicará essas actualizações à camada de modelo.

A atividade é o principal componente da aplicação Android, que é o controlador de uma visualização de ecrã interactiva. Normalmente, utilizamos uma atividade para uma visualização de ecrã, mas para algumas visualizações complicadas seria melhor ter uma atividade composta por vários fragmentos. Desenhamos cada fragmento como um componente de atividade reutilizável, podendo estes componentes ser organizados de acordo com o tamanho do ecrã ou os requisitos das funcionalidades.

A vista representa a informação do controlador e desenha os elementos da IU para dar forma às vistas para o utilizador. Um utilizador pode interagir com a vista tocando, tocando, deslocando, premindo longamente e outras acções por gestos. No Android, desenhamos a nossa vista no formato de layout XML e os diferentes tipos de vistas são alinhados por Layout. Temos o Fragment Layout, o Linear Layout e o Relative Layout para diferentes casos.

3.4 Armazenamento

3.4.1 Metadados

Os metadados são os dados que descrevem outros dados. Quando obtemos um dado do dispositivo móvel, por exemplo, uma fotografia tirada com o sensor da câmara, a imagem digital que consiste em pixels fundamentais é o dado principal que recolhemos. Além disso, podemos atribuir outras informações para descrever a fotografia. Os registos de data e hora em que tirámos a fotografia, a localização, quem tirou esta fotografia? De que trata a fotografia? Ou até como é que esta fotografia está relacionada com outra? Os metadados não são mais do que estas informações adicionais anexadas aos próprios dados, pelo que, em geral, os metadados não fazem sentido sem os dados correspondentes do anfitrião. De acordo com os requisitos da declaração do problema, queremos construir um sistema de recolha e armazenamento de dados muito genérico para se adaptar ao maior número possível de cenários.

3.4.2 Tipos de metadados

No sistema backend, definimos cinco tipos principais de metadados genéricos possíveis:

Texto, que pode ser utilizado para um tipo de carácter como o título ou uma breve descrição dos dados.

Número, que é adequado para o formato numérico, como o preço de uma mercadoria e a quantidade de um objeto.

Pessoa, quem poderia responder à pergunta sobre quem recolheu os dados seria, em geral, o utilizador do sistema.

Data, que nos indica quando foi efectuada a recolha de dados.

Geolocalização, indica os dados geográficos. Esta é uma das informações mais interessantes que podemos obter de um dispositivo móvel devido à sua mobilidade. Iremos mostrar uma caraterística - Ponto de Interesse no capítulo seguinte.

Na primeira vez que criamos uma instância de recolha de dados no backend, temos de definir um perfil para descrever a forma como os nossos elementos de metadados são organizados. Um perfil contém muitos tipos diferentes de metadados e cada metadado pode ser definido como qualquer um dos cinco tipos acima. Cada dado que recolhemos deve estar associado a um perfil, pelo que está implicitamente associado a muitos metadados.

Ao aplicar esta estratégia, o sistema de armazenamento é basicamente capaz de descrever qualquer tipo de fonte de dados móvel. Por exemplo, se tivermos uma fotografia de uma cerveja muenchen, podemos definir o nome e a breve introdução da fotografia com metadados do tipo Texto. Além disso, podemos rotular o preço com metadados do tipo Número e definir o autor da fotografia com o tipo Pessoa. A hora em que a fotografia foi tirada pode ser descrita pelo tipo Data e a Geolocalização é adequada para indicar a localização do trabalho fotográfico.

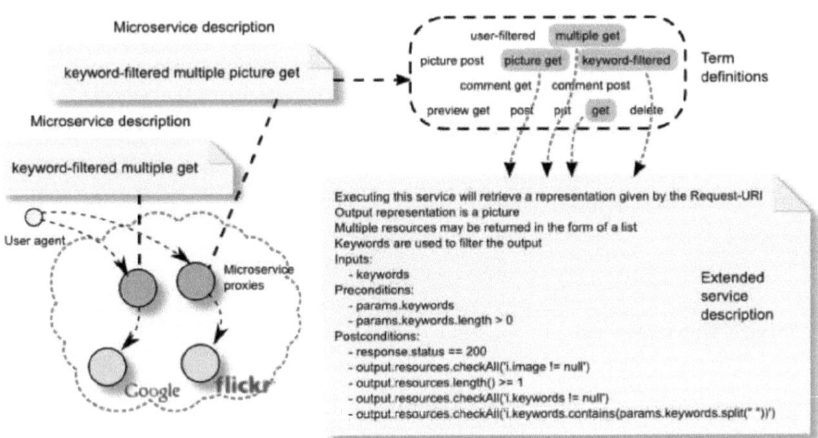

Figura 3.6: Micro-serviços

3.5 Microsserviços

Uma última parte desta arquitetura é o grupo Microservices[12] para analisar os dados recolhidos. O conceito de microsserviços cresceu muito nestes últimos anos devido ao facto de a implantação independente conduzir a uma maior disponibilidade e à redução de complicações. Cada microsserviço tem uma descrição do servidor para mostrar o tipo de serviço que fornece e como é a entrada/saída. A figura 3.6 é um exemplo de cenário de caso de utilização do artigo de José, que é construído combinando a definição de filtragem por palavra-chave, a definição de múltiplo e a obtenção de imagens do Google ou do Flickr. O microsserviço é o componente para a análise de dados após a recolha. Concentrar-nos-emos na recolha e no armazenamento de dados no resto do livro, porque não é o principal ponto de interesse deste livro.

CAPÍTULO 4
IMEJI RESTFUL API

Neste capítulo, discutiremos a importante componente do serviço back-end. Para ilustrar a razão pela qual utilizamos a Imeji, comparamos a arquitetura cliente-servidor, a arquitetura SOA e a arquitetura REST e mostramos alguns exemplos de como a Imeji organiza os dados e os metadados. A API REST é outra parte essencial deste projeto, sendo discutidas as importantes APIs de operações GET, POST, PUT e DELETE.

4.1 Serviço Web tradicional

A arquitetura tradicional cliente-servidor é uma das arquitecturas mais bem sucedidas para os serviços Web. Divide a função do software em duas partes: servidor e cliente, o que torna o cliente do lado do utilizador suficientemente fino para ser executado no browser. O servidor ocupa-se do armazenamento e da lógica de cálculo. Assim, a arquitetura C-S melhora a portabilidade do cliente utilizador e a escalabilidade do lado do servidor. O utilizador pode aceder ao cliente do servidor a partir de várias plataformas e o programador pode simplesmente acrescentar mais servidores para aumentar a capacidade de cálculo do sistema.

A arquitetura cliente-servidor é a base do serviço RESTful, mas a arquitetura C-S comunica normalmente com o estado, o que não é bom para a tolerância a falhas.

4.2 Arquitetura SOA

A arquitetura de serviços Web SOA é famosa pelo triângulo SOA:

4.3 O fornecedor de serviços publica o encapsulamento do software na agência de serviços sob a forma de serviço com a interface WSDL e a descrição do serviço, de modo a que um consumidor de serviços possa encontrar o serviço. A isto chama-se Prestação de Serviços.

4.4 A agência de serviços fornece as informações sobre os serviços disponíveis, tais como o nome dos serviços e as suas funcionalidades. O consumidor de serviços limita-se a consultar a agência para obter o serviço adequado. Este processo é designado por Service Discovery.

4.5 O consumidor do serviço envia o pedido de serviço de acordo com as informações da agência e aguarda a resposta do serviço. Este processo é designado por Service Invoke (Invocação do serviço).

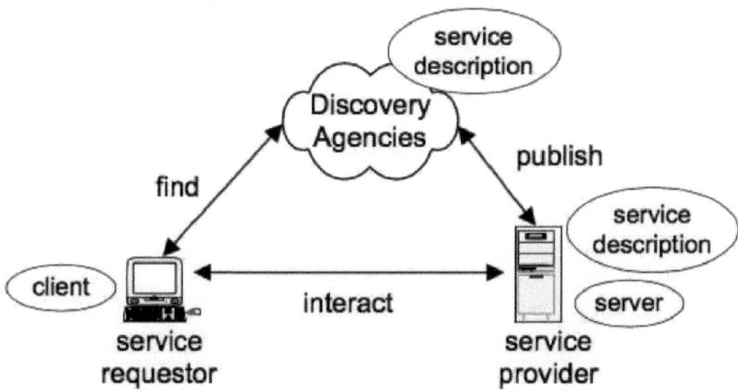

Figura 4.1: Arquitetura SOA

Na figura 4.1, vemos as interações do triângulo SOA. A SOA sofre do problema da classificação por correspondência e a escalabilidade não pode ser muito elevada, porque a agência de serviços pode ser o gargalo do sistema e a comutação entre o fornecedor e o consumidor de serviços baseia-se na arquitetura C-S original, que não é sem estado.

4.3 Imeji

Imeji é um repositório de dados científicos multimédia de fonte aberta com gestão de metadados dedicada, desenvolvido principalmente pela Biblioteca Digital Max Planck, pelo Instituto de Arte e História Visual da Humboldt-Universitat zu Berlin e pela Konrad Zuse

Arquivo da Internet da Freie Universitat Berlin. Uma das principais caraterísticas é o facto de o esquema de metadados poder ser tão simples quanto desejado ou tão complexo quanto necessário. A Imeji também fornece uma API RESTful amigável e poderosa para a maioria das operações que podem ser efectuadas na Web da Imeji. A Imeji funciona como o papel central de todo o sistema em termos de armazenamento e exploração de dados. Temos uma visualização de página Web para o serviço de armazenamento da Imeji para navegar, gerir, incluindo operações CRUD.

Na Figura 4.2, vemos uma vista da Web da Imeji que contém alguns itens de dados que carregámos. Nesta página Web, é possível ver as miniaturas dos dados e aceder à vista detalhada dos dados. Também pode criar uma coleção para guardar um grupo de itens de dados relacionados, estes itens de dados partilham a mesma definição de tipo de metadados.

Tal como discutimos no capítulo 3, queremos ter um sistema de armazenamento capaz de descrever basicamente qualquer tipo de fonte de dados móveis. Na Imeji, concebemos um método de descrição de metadados muito genérico que se chama perfil. Um perfil pode conter tantos metadados abstractos quantos quisermos, um perfil é mapeado para uma coleção. Uma coleção é um contentor que contém muitos itens de dados. Verifica-se que os metadados têm de ser concebidos de forma muito flexível. Na secção Tipos de metadados, foram descritos cinco tipos de metadados genéricos possíveis. São eles: texto, número, pessoa, data e geolocalização. Na Figura 4.3, vemos um exemplo de metadados para um item de dados.

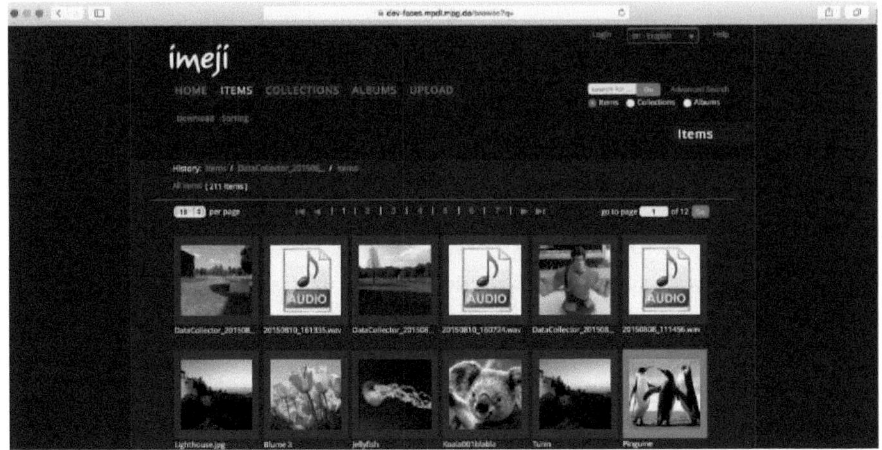

Figura 4.2: Vista Web da Imeji

4.4 RESTful

Para as aplicações móveis, uma forma comum de comunicar com o servidor é através da API RESTful. A arquitetura RESTful foi proposta pela primeira vez por Roy Thomas Fielding na sua dissertação de doutoramento em filosofia na Universidade da Califórnia, Irvine[13]. No capítulo 5, Roy propôs um estilo híbrido derivado de vários estilos de arquitetura baseados em redes, como os estilos hierárquico e cliente-servidor. Os componentes REST comunicam através da transferência de uma representação de um recurso num formato que corresponde a um dos tipos de dados normalizados. Existem três elementos principais na arquitetura REST: Recursos, Representação e Transferência de Estado.

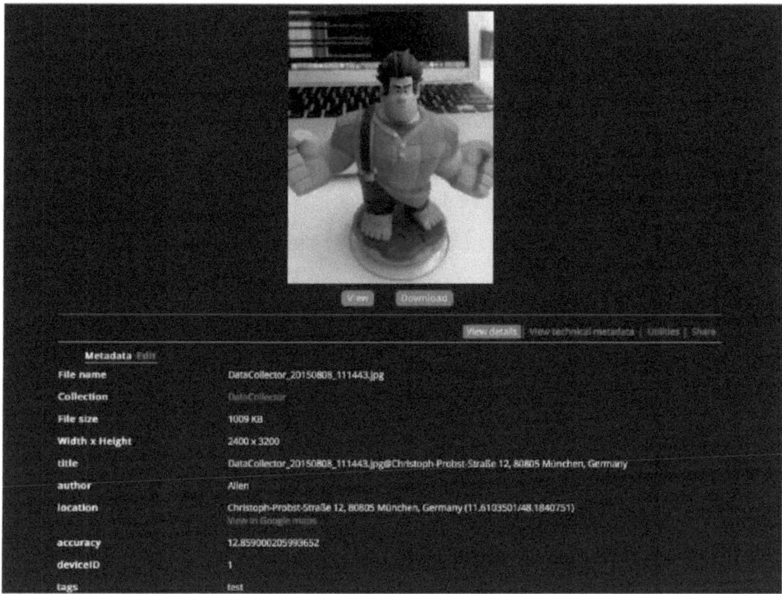

Figura 4.3: Exemplo de visualização de metadados Imeji

4.4.1 Sem estado

Na arquitetura RESTful, a comunicação entre o cliente e o servidor deve ser sem estado, o que significa que cada pedido do cliente ao servidor deve conter todas as informações necessárias para compreender o pedido. Com essa restrição, essas vantagens podem ser melhorado:

- A visibilidade é melhorada porque cada pedido é autónomo e compreensível e nenhum pedido depende do outro.
- A fiabilidade é melhorada porque facilita a tarefa de recuperação de falhas parciais, o servidor de cópia de segurança pode simplesmente retomar o trabalho sem informações para o servidor principal avariado.
- A escalabilidade é melhorada porque o facto de não ter de armazenar o estado entre pedidos permite que o componente do servidor liberte rapidamente os recursos e simplifica ainda mais a implementação porque o servidor não tem de gerir a utilização de recursos entre pedidos.

4.4.2 Caraterísticas principais

Recursos Qualquer informação como um texto, uma imagem, um vídeo pode ser um recurso. Qualquer conceito que possa ser acedido através de uma referência de hipertexto de um autor deve ser um recurso. O REST utiliza um identificador de recurso para identificar o recurso, pelo que podemos ter um mapeamento um a um entre um URI e um recurso. Se um utilizador quiser obter o recurso, basta aceder ao URI.

Representação Uma representação descreve a forma como um recurso pode ser representado durante a comunicação na Internet, podendo indicar o estado atual do recurso solicitado e o estado desejado para o recurso solicitado no cabeçalho HTTP. O formato de dados de uma representação é conhecido como tipo de media[14], também conhecido como tipos MIME. Por exemplo, texto, imagem, áudio, vídeo e aplicação, em que json é o principal formato que utilizamos para o pedido e o corpo de resposta da API REST.

Transferência de estado Ao aplicar o protocolo HTTP[15], o REST não tem estado, o que significa que cada pedido do cliente contém todas as informações necessárias para que o servidor compreenda o pedido. A transferência de estado descreve essas interações entre o cliente e os servidores. Com base na aplicação HTTP, são utilizados quatro verbos principais para efetuar essas operações.

4.4.3 Operações CRUD

GET é o equivalente HTTP de COPY, transfere uma representação do recurso para o cliente. Não importa quantas vezes um cliente chame a operação GET, o estado do recurso correspondente não deve mudar. Esta é uma propriedade fundamental da operação GET.

POST é o verbo PASTE AFTER, basicamente o cliente deve emitir um pedido POST se quiser que o servidor crie um novo recurso. Como coletor de dados, cada vez que o cliente carrega algo novo, um POST deve ser a operação correta.

PUT é o equivalente HTTP de PASTE OVER, transfere o estado de um recurso de um cliente para um servidor sem criar um novo recurso. GET e PUT são utilizados para transferir o estado de recursos existentes.

DELETE é o equivalente HTTP de CUT, ou seja, o recurso no servidor deve ser eliminado se o cliente enviar um pedido DELETE.

4.4.4 Vantagens e desvantagens do REST

Existem algumas vantagens óbvias que podemos beneficiar da conceção da arquitetura REST:

- Generalidade das interfaces, o que significa que a restante API seria mais limpa e mais fácil de compreender em comparação com a arquitetura C-S.
- Com a implantação independente de componentes, na prática de desenvolvimento, podemos facilmente dividir a carga de trabalho por categoria de recursos. Cada programador pode preocupar-se apenas com as operações CRUD de um recurso específico.
- Escalabilidade das interações entre componentes, todo o estado da sessão deve estar contido no pedido do cliente devido ao facto de não ter estado. Isto significa que qualquer replicação do servidor pode assumir o controlo do pedido e qualquer falha do servidor durante a

transformação para o servidor de reserva de forma transparente.

Por outro lado, existem algumas limitações na arquitetura REST. Em termos de comunicação em tempo real, a REST é menos eficaz do que a RPC. Especialmente no ambiente de rede interna, a REST seria uma conceção demasiado pesada.

4.4.5 Lista de API REST

Na Figura 3.3, sabemos que a Imeji fornece uma API REST para o cliente Android. A Tabela 4.4 é a lista da API que temos para os Itens de Dados, e vemos que as quatro operações CRUD estão cobertas. Como descrito na tabela, é possível obter uma lista de itens de dados através de uma consulta, o que seria útil para mostrar uma lista de itens que recolhemos na aplicação Android. É possível criar e atualizar um item com as operações POST e PUT.

items : Operations on items — Show/Hide | List Operations | Expand Operations | Raw

Method	Path	Description
GET	/items	Get all items filtered by query (optional)
POST	/items	Create new item with a File
PUT	/items/{id}	Update an item
DELETE	/items/{id}	Delete item by id
GET	/items/{id}	Get item by id

Figura 4.4: Item API

Veja um exemplo de resposta Json 4.1 do servidor para uma operação GET no Item. Tem uma identificação global única para identificar o item de dados no sistema, que neste caso é Eter0DC2ECUUyAfk. Alguns perfis de utilizador e carimbos de data/hora são úteis para descobrir quem, em que momento, criou ou alterou estes dados. O nome do ficheiro e o URL do ficheiro são úteis para o módulo de rede do Android ir buscar este recurso.

Por último, mas não menos importante, são os metadados, definimos as etiquetas, o autor e o título para este recurso de dados específico. Note-se que o autor é diferente do atributo createdBy, porque o autor é o utilizador real que recolheu os dados, enquanto createdBy significa a conta Imeji que carregou para o backend da Imeji. A localização é outra parte importante que contém o nome da localização, no nosso caso é "AmalienstraBe 33-37, 80799 Miinchen, Alemanha", a longitude da localização 11.5769102 e a latitude da localização 48.1480236. Com esta informação de GeoLocation podemos identificar o Item de Dados num mapa e ligá-lo a um POI.

Mais uma coisa, a precisão é a medida da exatidão dos dados GPS. Temos um indicador na interface do utilizador do Android para mostrar estes dados em tempo real, de modo a que o utilizador possa decidir recolher dados ou não com base na precisão em tempo real.

Listagem 4.1: Exemplo de GET Json

```
{
  "id": "Eter0DC2ECUUyAfk",
  "createdBy": {
    "fullname": "Shi, Allen",
    "userId": "VVP5wGtYQMzvQUQ3"
  },
  "modifiedBy": {
    "fullname": "Shi, Allen",
    "userId": "VVP5wGtYQMzvQUQ3"
  },
  "createdDate": "2015-08-13T12:42:49 +0200",
  "modifiedDate": "2015-08-13T12:42:49 +0200",
  "versionDate": "",
  "status": "RELEASED",
  "version": 0,
  "discardComment": "",
  "visibility": "PUBLIC",
  "collectionId": "DCQVKA8esikfRTWi",
  "filename": "DataCollector_20150813_124206.jpg",
  "mimetype": "image/jpeg",
  "checksumMd5": "237abf46d276a263b2f971f9e046d540",
  "fileUrl": "https://dev-faces.mpdl.mpg.de/file/DCQVKA8esikfRTWi/x.jpg",
  "fileSize": 1267961,
  "metadata": {
    "tags": "test",
    "author": "Allen",
    "title": "DataCollector_20150813_124206.jpg@
         Amalienstrae 33-37, 80799 Mnchen , Germany",
    "location": {
      "name": "Amalienstrae 33-37, 80799Mnchen , Germany",
      "longitude": 11.5769102,
      "latitude": 48.1480236
    },
    "deviceID": "1",
    "accuracy": 10
  }
}
```

A Tabela 4.5 apresenta a lista de API da coleção, juntamente com as operações semelhantes do item, uma API essencial é a possibilidade de consultar o item de dados que pertence a uma determinada coleção através do ID da coleção. Esses itens de dados partilham a mesma estrutura de metadados porque um perfil só está associado a uma coleção.

Figura 4.5: API de recolha

Outro conceito essencial no sistema é o POI, ponto de interesse. Mapeamos um ponto no mapa para um PI, um PI pode ser ligado a qualquer item de dados em qualquer coleção para que esses itens de dados com os seus metadados possam descrever um PI corretamente. Aqui na tabela 4.6, o PI é guardado como um álbum. Um álbum tem muitos membros que não são mais do que objectos de dados. Pode ligar, obter e apagar esses objectos de dados para um determinado ID de PI.

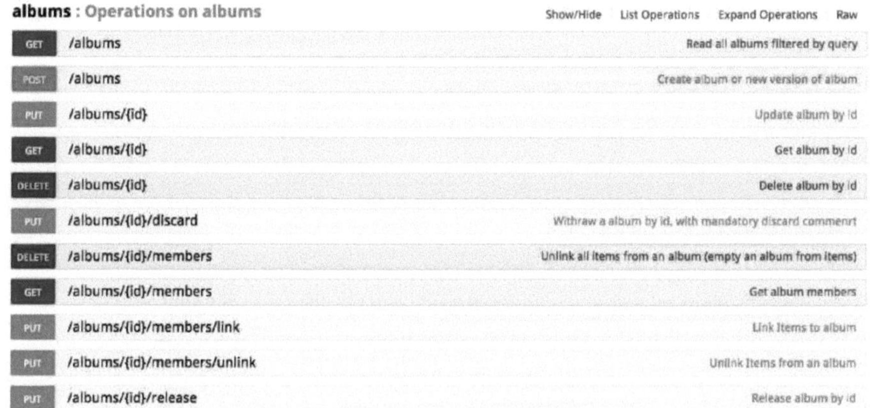

Figura 4.6: API DE POI

Temos toda a interface pública da API disponível online aqui https://spot.mpdl.mpg.de/ rest-doc/index.htm

CAPÍTULO 5
CLIENTE ANDROID

Neste capítulo, abordaremos as caraterísticas da aplicação cliente Android. Primeiro, mostramos um desenho geral da aplicação Android com o modelo de análise. Em seguida, percorremos os módulos principais, desde a visualização da IU até aos módulos lógicos da camada inferior. Para a conceção da IU, mostraremos alguns exemplos para explicar como tornamos a aplicação mais fácil de utilizar e direta. Para o controlador de baixo nível, mostramos como concebemos a lógica para cumprir os requisitos.

5.1 Modelo de análise

Na Figura 5.1 temos uma visão detalhada da relação entre entidades do sistema, onde o Item de dados é a entidade central do sistema. Cada item de dados contém muitos metadados, enquanto cada coleção pode conter muitos itens de dados. O item de dados e o PI têm um mapeamento de muitos para muitos, porque um dado pode ser ligado a qualquer PI como o utilizador quiser e um PI pode ter uma relação de ligação com muitos itens de dados. Um utilizador pode criar muitos elementos de dados, pelo que o mapeamento de muitos para muitos entre o utilizador e a coleção é válido, o mesmo acontecendo com o PI e o utilizador.

Um requisito funcional é que a aplicação deve poder funcionar offline, porque em muitos cenários pode não haver rede móvel disponível. Por exemplo, quando o engenheiro de energia da rede quer obter alguns dados no centro dos Alpes, a rede celular seria o gargalo do sistema. Assim, uma camada de cache na aplicação móvel seria uma solução para o fazer funcionar. O SQLite é um sistema popular de persistência do tipo SQL. No método nativo, precisamos de criar uma classe DatabaseHelper para configurar e manipular a base de dados. Com esta classe, precisamos de escrever uma consulta SQL de cada vez para atingir os requisitos, o que é realmente complicado para uma aplicação leve.

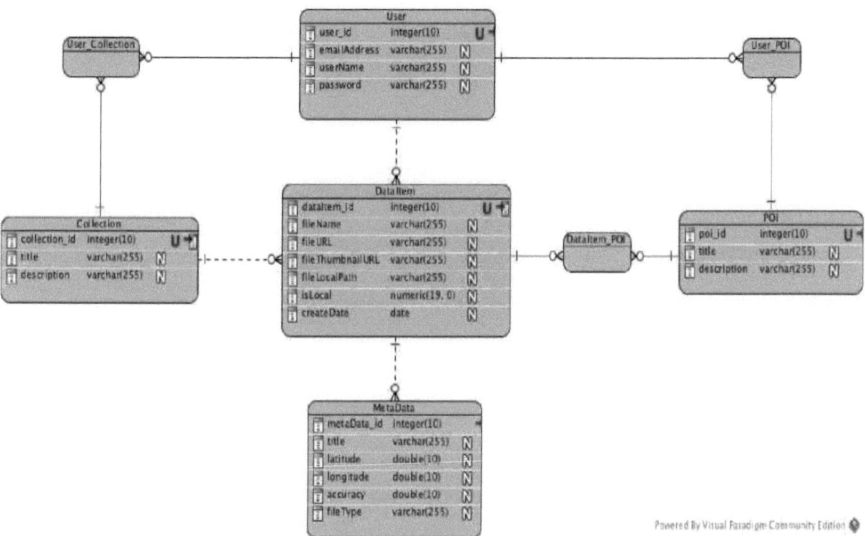

Figura 5.1: Diagrama de relação entre entidades da aplicação

No projeto, utilizamos o Active Android[16] como camada de mapeamento ORM (object relational mapper) para mapear os objectos para entidades no SQLite. O Active Android é muito fácil de usar, adicionamos facilmente a anotação @Table na classe e a anotação @Column nas propriedades. O 5.1 é um exemplo para modelar a classe DataItem, uma das maiores vantagens é que o código fica mais limpo e fácil de ler com a anotação.

Listagem 5.1: Exemplo de modelo DataItem

```
// DataItem.java
@Table(name = "DataItem")
public class DataItem extends Model {
    @Expose
    @Column(name = "filename")
    private String filename;

    @Expose
    @Column(name = "createdDate")
    private String createdDate;

    @Expose
```

```
@Column(name = "fileUrl")
private String fileUrl;

@Expose
@Column(name = "createdBy")
private User createdBy;

@Expose
private ArrayList<MetaData> metadata;

@Expose
@Column(name = "collectionId")
private String collectionId;
```

Conforme discutido no Capítulo 3, implementamos nosso aplicativo Android com base no modelo MVC. O primeiro passo é construir o modelo com uma classe de objectos Java simples e anotações Active Android. Depois que o modelo é construído, as visualizações e os controladores correspondentes devem ser definidos e implementados. Dividimos a aplicação Android em três áreas funcionais principais, que são a vista do coletor, a vista da lista de dados e a vista do POI. Nas próximas três secções, vamos descrever como estas Views e Controllers funcionam em conjunto.

5.2 Ver perfil

Quando se abre a aplicação pela primeira vez, são necessárias informações de credenciais para a interação com o serviço Imeji. A vista de perfil está oculta no lado esquerdo, o que se designa por Vista de gaveta. O utilizador pode simplesmente deslizar para a direita para abrir a gaveta com um nome de utilizador e uma palavra-passe arquivados. O utilizador tem de iniciar sessão com a conta do serviço Imeji e estar pronto para ir buscar dados e carregá-los.

5.3 Vista do coletor

A vista do coletor é o principal painel de trabalho para o utilizador interagir com a aplicação, incluindo o indicador GPS, o menu dos sensores e uma vista de pré-visualização dos dados recolhidos pelo utilizador. O diagrama de sequência 5.2 ilustra todo o processo de interação do utilizador com os componentes da aplicação.

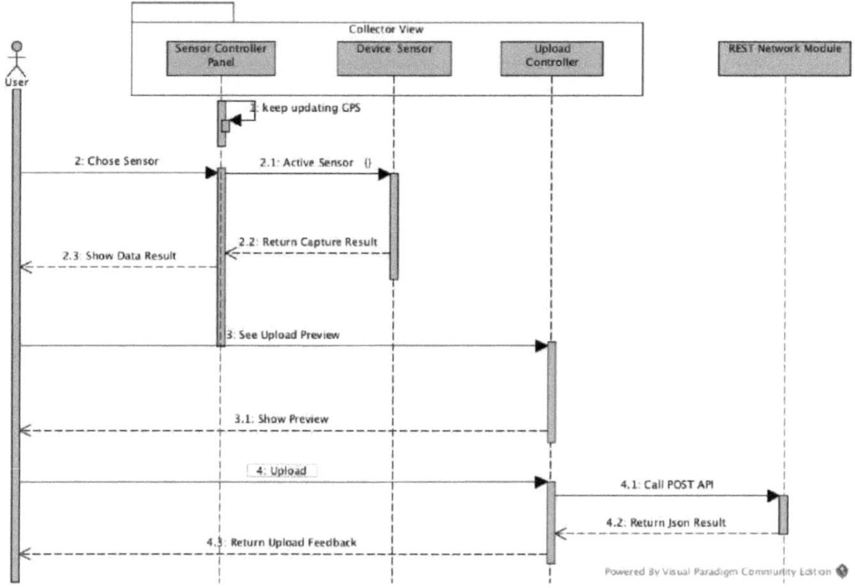

Figura 5.2: Diagrama de sequência do coletor

5.3.1 Estratégia de posicionamento

Quando o utilizador abre a aplicação, o indicador GPS5.3 é automaticamente ativado e o serviço continua a atualizar os dados de geo-localização no backend. Os dados de posicionamento podem provir não só do sensor GPS, mas também da rede celular/WiFi. O sensor GPS é mais exato, mas consome energia, ao passo que a rede celular é outra forma de o fazer. Por isso, aplicamos a estratégia mista no Android para utilizar dois tipos destas metodologias e encontrar o equilíbrio entre precisão e poupança de energia. A Google chamou-lhe Obter uma correção rápida com a última localização conhecida, a ideia principal é guardar sempre a localização mais recente e torná-la o primeiro recurso disponível. Pelo menos, no pior dos casos, tem-se alguns dados imprecisos quando não há GPS ou telemóvel/WiFi disponível. Mas, na maioria das vezes, os dados seriam actualizados por qualquer um dos recursos de posicionamento.

A figura 5.4 ilustra o fluxo típico de actualizações de localização, tal como discutido. A vantagem desta estratégia é que combinou a funcionalidade do sensor GPS e a vantagem da rede celular/WiFi, o que permite obter um resultado de localização optimizado com base no estado do dispositivo móvel do utilizador.

Figura 5.3: Indicador GPS

Para aplicar esta estratégia, implementamo-la com o padrão Publish-subscribe. A atividade principal que se encarrega de manter atualizada a GeoLocation atual irá publicar e transmitir um LocationChangedEvent com a anotação @Produce, onde LocationChangedEvent contém um objeto android.location.Location. Entretanto, qualquer atividade desta aplicação pode registar-se com a anotação @Subscribe para o evento de difusão, de modo a que o subscritor possa obter as informações de localização mais recentes assim que o editor publicar as notícias. Os parágrafos 5.2 e 5.3 apresentam um par de editor e assinante para a mensagem LocationChangedEvent.

As vantagens de usar o padrão Publish-subscribe é que temos um componente de acoplamento solto entre as actividades complexas da aplicação, cada controlador apenas faz o seu próprio trabalho e não é necessária nenhuma chamada de método para obter novas informações de outras actividades. Uma outra vantagem é a melhor reutilização, qualquer atividade pode beneficiar do evento de partilha, uma vez que a localização é implementada numa atividade.

Uma desvantagem a ter em conta é o problema da entrega de eventos. Uma vez que o evento é publicado de forma assíncrona, não existe um beneficiário em tempo real para as actualizações do evento. Isto pode tornar mais lenta a eficiência de algumas funcionalidades necessárias de elevado desempenho.

Listagem 5.2: Publicar LocationChangedEvent

```
// MainActivity.java
    @Override
    @Produce
    public void onLocationChanged(Location location) {
        mLastLocation = location;
        displayLocation(); //the method to display the location info on UI
```

```
        LocationChangedEvent event = new LocationChangedEvent(location);
        OttoSingleton.getInstance().post(event);
    }
```

Listing 5.3: Subscribe LocationChangedEvent

```
// WorkflowSectionFragment.java
    @Subscribe
    public void onGetNewLocationFromGPS(LocationChangedEvent event){
        currentLocation = event.location;
        getAddressByCoordinates(event.location.getLatitude(),
                            event.location.getLongitude());
    }
```

5.3.2 Painel tudo em um

Com a atualização dos dados de GeoLocation no backend, a primeira vista da aplicação contém um painel de trabalho5.5. Todos os sensores suportados são mostrados como botões flutuantes, se um utilizador escolher um sensor clicando no botão correspondente, o painel ativa a atividade do sensor. O painel de trabalho aguarda o resultado da resposta dos sensores e apresenta uma pré-visualização para que o utilizador decida se quer guardar os dados ou descartá-los. Se o utilizador estiver satisfeito com os dados e premir o botão Guardar, o painel de trabalho saltará para o Controlador de carregamento, mostrando assim ao utilizador uma nova vista de carregamento. O Upload Controller é uma nova atividade que controla a fila de carregamento e coordena com o módulo de rede REST o carregamento da entidade Data Item e da entidade POI, juntamente com os dados e os metadados. O módulo de rede REST fala diretamente com o servidor REST. Abordaremos o módulo de rede REST em pormenor na secção seguinte.

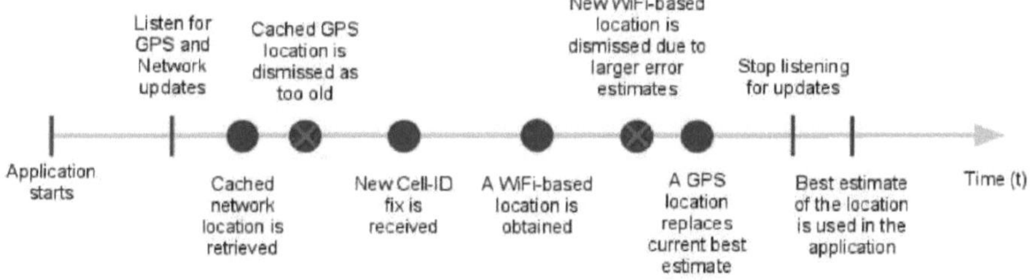

Figura 5.4: Estratégia de posicionamento

A navegação entre duas actividades é feita através de uma intenção. Existem dois tipos de Intent no Android: Intents implícitos e Intents explícitos. A intenção implícita é normalmente utilizada para iniciar uma atividade a partir de outra aplicação, por exemplo, abrir uma vista de mapa ou tirar uma fotografia. Essas acções comuns podem ser realizadas sem indicar explicitamente o nome da aplicação, mas apenas dando uma ação geral a realizar, pelo que essas acções são intenções implícitas. O Android procura em todas as aplicações instaladas um filtro de intenções que corresponda à ação indicada. Utilizamos intenções implícitas para comunicar com os nossos sensores na nossa aplicação, mas precisamos de intenções explícitas quando queremos navegar os utilizadores para outra vista específica. As intenções explícitas têm de indicar o nome da atividade, para que o Android possa mudar imediatamente para a nova vista sem ter de procurar.

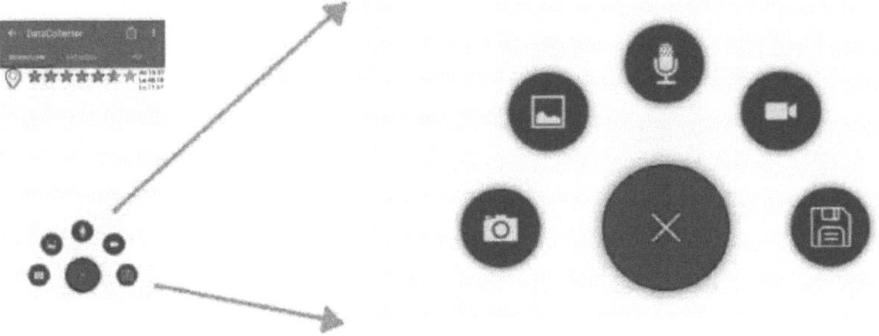

Figura 5.5: Vista do coletor

5.4 Vista DataList

A visualização da lista de dados é outro componente principal da nossa aplicação, não se trata do coletor mas sim da pré-visualização dos dados a partir da nuvem. Uma vez que o utilizador carregou alguns dados, é necessário ter uma revisão rápida dos dados, pelo menos para ter a certeza de que a recolha foi feita. A Figura 5.6 é um exemplo de uma visualização de lista com dois itens de dados. A visualização de lista contém um conjunto de células de itens de dados, a visualização de lista é rolável e a célula é reutilizável. Quando o utilizador percorre a vista de lista, o adaptador apenas preenche a célula reutilizável com a lista de elementos de dados da camada Modelo. Cada célula é a representação da vista de um item de dados, que contém uma miniatura desse item de dados, o nome dos dados, o utilizador que fez o upload e a hora. Ao clicar na célula, a aplicação navegará para a vista detalhada do item de dados correspondente, onde o utilizador pode ter uma visão mais clara destes dados. Se o utilizador puxar para baixo a vista de lista, a ação desencadeará o pedido de atualização ao servidor REST. Depois de obter a resposta, a versão mais recente do Item de dados online será sincronizada localmente.

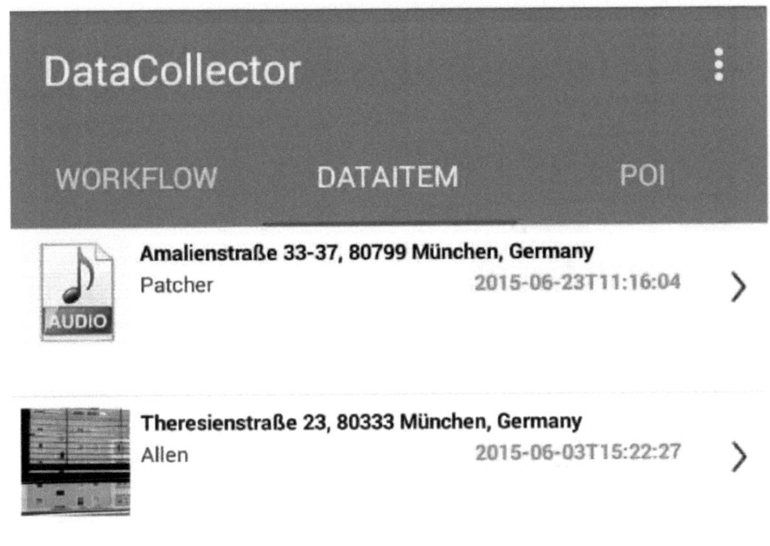

Figura 5.6: Vista da célula de lista

5.4.1 Adaptador ListView

O adaptador que mencionámos para preencher a célula reutilizável é o controlador central da vista de lista de uma tabela. No ponto 5.4, quando construímos o construtor do CustomListAdapter, passámos a fonte de dados da camada Model, que no nosso caso são os dataItems, e a camada View, onde queremos mostrar os dados, que é a atividade. Em seguida, o método getCount controla quantos itens de dados serão mostrados e o método getItem(int location) busca o item específico da posição dada.

Já no ItemListFragment, definimos o ListAdapter personalizado como nosso adaptador de visualização de lista para controlar a fonte de dados e a visualização da célula de dados. Quando houver novos dados disponíveis, por exemplo, o utilizador puxa a lista e vai buscar novos dados ao servidor, o adaptador chamará o método notifyDataSetChanged e renovará a camada de visualização da lista.

Listagem 5.4: Classe CustomListAdapter

```
// CustomListAdapter.java
public class CustomListAdapter extends BaseAdapter {
    private Activity activity;
    private LayoutInflater inflater;
    private List<DataItem> dataItems;

    public CustomListAdapter(Activity activity, List<DataItem> dataItems) {
        this.activity = activity;
        this.dataItems = dataItems;
    }

    @Override
    public int getCount() {
        return dataItems.size();
    }

    @Override
    public Object getItem(int location) {
        return dataItems.get(location);
    }

    @Override
    public View getView(int position, View convertView, ViewGroup parent) {
      //SetUp all the UI elements in one data list cell
    }
}


//In ItemListFragment.java
   //set up the adaptor and set the adaptor for the listView
    adapter = new CustomSwipeAdapter(getActivity(), dataList);
    listView.setAdapter(adapter);

   //when there is new data updated, refresh the listview
    dataList = aNewdataListFromServer;
    adapter.notifyDataSetChanged();
```

5.5 Vista do ponto de interesse

POI é a abreviatura de Point of Interest (Ponto de Interesse), é um ponto de localização no mapa que contém informações valiosas para os utilizadores. Um POI é a combinação do Item de dados e dos dados de GeoLocalização relacionados na aplicação. Na camada View (Vista), normalmente configuramos uma vista de mapa como fundo e adicionamos marcadores no mapa, um conjunto de marcadores próximos de um ponto de localização pode representar um PI. Concebemos esta vista como um componente da aplicação para colectores porque a vista do mapa de POI é outra boa dimensão para visualizar os dados que recolhemos no mapa.

5.5.1 Mapa e marcadores

Existem algumas fontes públicas de mapas abertos disponíveis para aplicações móveis, sendo o OpenStreetMap e o Google Map as duas mais importantes. O OpenStreetMap é um mapa editável e de utilização gratuita desenvolvido pela OpenStreetMap Foundation. Uma caraterística vantajosa do OpenStreetMap é o crowdsourcing da fonte de dados do mapa, que inspirou a ideia do projeto Data Collector. A ideia principal é utilizar a inteligência da multidão pública para realizar um grande projeto. Os dados podem não ser tão exactos como os de outros mapas comerciais como o Google Map, mas os dados que aparecem no mapa têm menos preconceitos, por exemplo, os anúncios.

Por outro lado, o Google Map é alimentado pelo Google, que pode fornecer uma melhor integração no Android. Outra caraterística interessante do Google Map é o facto de os marcadores poderem ser personalizados no Android. O marcador de pinos nativo pode mostrar o POI como um ponto, mas não pode mostrar informações mais ricas. Na aplicação, passamos a lista de itens de dados que temos na Imeji e vamos buscar a miniatura do item de dados como o marcador de pinos no mapa, tornando assim o mapa mais intuitivo.

5.5.2 Interação com marcadores

Quando se abre a vista do PI, o mapa vai automaticamente para a localização atual do utilizador e faz zoom no nível apropriado, subscrevendo o LocationChangedEvent, tal como discutido na secção de pré-visualização. Ver marcadores estáticos no mapa não é suficiente para que o utilizador obtenha informações detalhadas sobre o PI. Com o ecrã tátil, os utilizadores querem normalmente interagir com os pinos do mapa. Quando o utilizador toca no marcador, o mapa faz um zoom automático para o PI e o marcador transforma-se numa vista detalhada do Item de Dados com a animação pop-out. 5.7 ilustra o processo de interação.

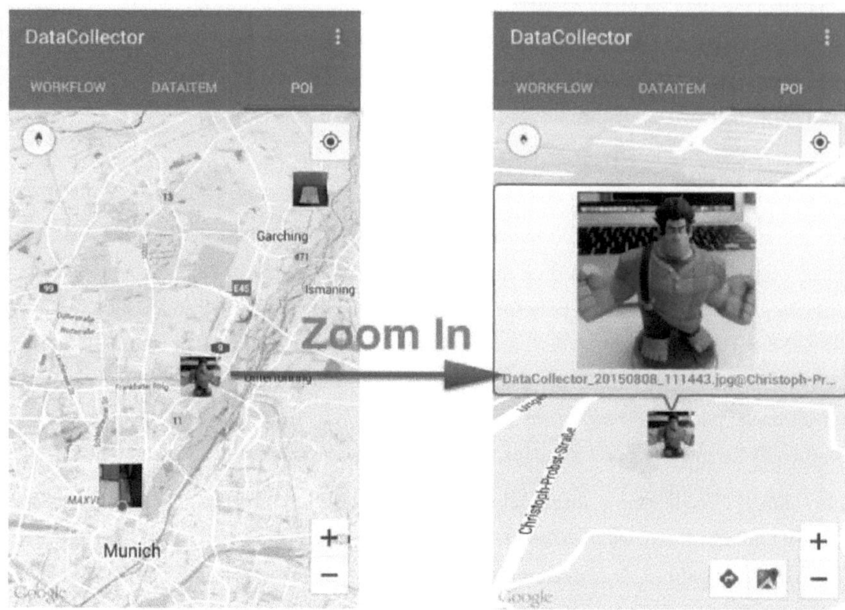

Figura 5.7: Vista do mapa de POI

5.6 Módulo RESTful do cliente

Dado que o Android é uma plataforma baseada em código aberto, este projeto aplicou algumas bibliotecas de terceiros. A vantagem de utilizar as bibliotecas existentes é poupar tempo de desenvolvimento, não só em termos de menos trabalho de codificação, mas também de menos erros ao codificar as funções de baixo nível. Por exemplo, a função de rede é o requisito essencial para uma aplicação móvel. No entanto, analisar a resposta Json do servidor e enviar um pedido HTTP são as funções mais propensas a ter excepções inesperadas. Neste projeto, integrámos uma famosa biblioteca java RESTful para as funcionalidades de rede.

5.6.1 Cliente Retrofit

Retrofit é o cliente REST para Android e Java desenvolvido pela Square, Inc, que se preocupa com a parte de comunicação de rede de baixo nível. Com esta biblioteca, podemos concentrar-nos na programação da lógica de rede da aplicação. Da mesma forma, no desenvolvimento do IOS, o RESTKit faz a mesma coisa. O servidor REST da Imeji fornece muitas API REST diferentes para entidades diferentes, pelo que precisamos de conceber um módulo REST uniforme para podermos lidar com o número dinâmico de chamadas API. Dividimos o módulo RESTful em três camadas, como mostra a figura 5.8.

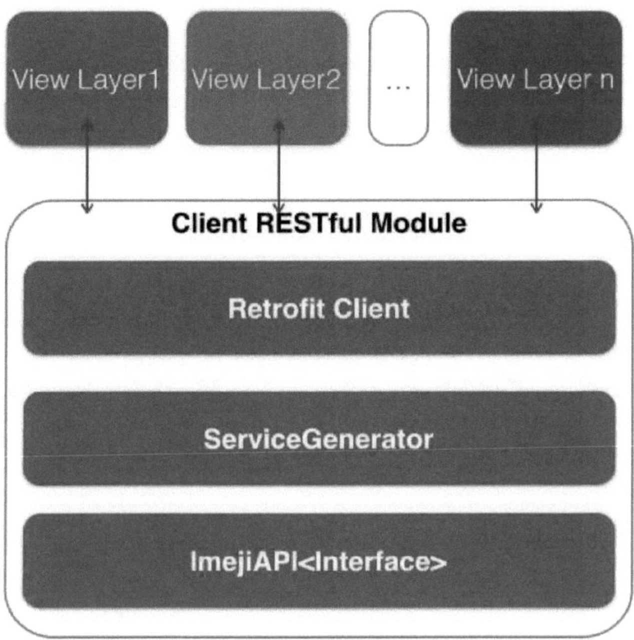

Figura 5.8: Estenose por retrofit

A camada RetrofitClient fornece serviços para diferentes Actividades e Vistas, fornecendo métodos que geram as chamadas de API correspondentes. Em primeiro lugar, cria um serviço API fornecendo o URL do servidor REST, o nome de utilizador e a palavra-passe ao ServiceGenerator. O ServiceGenerator devolverá um objeto ImejiAPI, em que ImejiAPI é uma interface Java que define o método abstrato para chamar a API da Imeji. 5.5 é a parte do código que define a API para os Itens de Dados, incluindo as operações GET, POST e DELETE.

Listagem 5.5: Interface Java da API REST

```java
// ImejiAPI.java
public interface ImejiAPI {
    /*
     * For items
    */
    @GET("/items?syntax=raw")
    void getItems(Callback<List<DataItem>> callback);

    @GET("/items/{id}?syntax=raw")
    List<DataItem> getItemById(@Path("id") String itemId,
                               Callback<Response> callback);
    @Multipart
    @POST("/items?syntax=raw")
    void postItem(@Part("file") TypedFile file,
                  @Part("json") String json,
                  //@Query("syntax") String syntax,
                  Callback<ItemImeji> callback);

    @DELETE("/items/{id}")
    void deleteItemById(@Path("id") String itemId,
                        Callback<Response> callback);
    ...
}
```

5.6.2 ServiceGenerator

O ServiceGenerator é a classe de configuração chave para o Retrofit, com a classe ImejiAPI fornecida, URL do servidor REST, nome de utilizador, palavra-passe e um conversor Json. Funciona nos seguintes passos:

Construir um objeto Gson, o método excludeFieldsWithoutExposeAnnotation() irá afetar o mapeamento Json de Java Object para Json, de modo a que os atributos sem anotação @Expose não sejam mapeados por este mapeador Gson.

- O construtor RestAdapter configura o URL do servidor REST fornecido, o GsonConverter e o cliente HTTP para enviar o pedido.
- O passo seguinte é definir o cabeçalho HTTP Authorization com o nome de utilizador e a palavra-passe fornecidos. O cabeçalho Authorization é utilizado para a autenticação básica de acesso, que é o protocolo mais simples para implementar os controlos de acesso. O campo Authorization pode ser construído pela codificação Base64 da cadeia "username:password".

- Por fim, o RestAdapter devolverá a classe ImejiAPI configurada ao RetrofitClient. 5.6 é o exemplo de código de como o implementamos em Java.

Listagem 5.6: ServiceGenerator

```java
// ServiceGenerator.java
public class ServiceGenerator {
  //initialization
  ...
  public static <S> S createService(Class<S> serviceClass, String baseUrl,
                              String username, String password,
                              Converter converter) {
      RestAdapter.Builder builder = new RestAdapter.Builder();

      Gson gson = new GsonBuilder()
             .serializeNulls()
             .excludeFieldsWithoutExposeAnnotation()
             .create();

      // set endpoint url and use OkHTTP as HTTP client
      builder.setEndpoint(baseUrl)
            .setConverter(new GsonConverter(gson))
            .setClient(new OkClient(new OkHttpClient()));

      // execute only when user provide the username and password
      if (username != null && password != null) {
         // concatenate username and password with colon for authentication
         final String credentials = username + ":" + password;
         builder.setRequestInterceptor(new RequestInterceptor() {
            @Override
            public void intercept(RequestFacade request) {
               // create Base64 encodet string
               String string = "Basic " +
               Base64.encodeToString(credentials.getBytes(), Base64.NO_WRAP);
               request.addHeader("Authorization", string);
               request.addHeader("Accept", "application/json");
            }
         });
      }

      RestAdapter adapter = builder.build();
      return adapter.create(serviceClass);
  }
}
```

CAPÍTULO 6
AVALIAÇÃO

Este capítulo apresenta os resultados dos testes de usabilidade e de compatibilidade do sistema. A boa notícia é que a aplicação já está publicada na Google Play Store[1], para que os utilizadores possam aceder facilmente à aplicação.

6.1 Teste de usabilidade

Utilizámos o sistema de teste AttrakDiff como referência para o nosso teste de usabilidade. O AttrakDiff é uma ferramenta para medir a atratividade dos produtos interactivos.

Com a ajuda de pares de adjectivos opostos, os potenciais utilizadores podem indicar a sua perceção do produto. Estes pares de adjectivos possibilitam a comparação das dimensões de avaliação. São avaliadas as seguintes dimensões do produto:

- Qualidade pragmática (PQ): Descreve a facilidade de utilização de um produto e indica até que ponto os utilizadores conseguem atingir os seus objectivos utilizando o produto.
- Qualidade hedónica - Estimulação (HQ-S): A humanidade tem uma necessidade inerente de se desenvolver e avançar. Esta dimensão indica em que medida o produto pode apoiar essas necessidades em termos de funções, conteúdos e estilos de interação e apresentação novos, interessantes e estimulantes.
- Qualidade Hedónica - Identidade (HQ-I): Indica em que medida o produto permite que o utilizador se identifique com ele.
- Atratividade (ATT): Descreve um valor global do produto com base na perceção da qualidade.

A figura 6.1 apresenta a carteira com os valores médios das dimensões PQ e HQ e o resultado do retângulo de confiança, que ilustra o resultado do teste AttrakDiff em termos de qualidade pragmática e qualidade hedónica. Note-se que as qualidades hedónicas e pragmáticas são independentes uma da outra e contribuem igualmente para a classificação da atratividade.

No primeiro grupo de pares de teste, participámos com 20 testadores de diferentes áreas: estudantes, investigadores, engenheiros, secretários, etc. Como nunca podemos ter 100% de certeza de que o resultado da avaliação é representativo dos utilizadores colectivos, é introduzido o chamado retângulo de confiança. Um pequeno retângulo de confiança é uma vantagem porque significa que os resultados

1 https://play.google.com/store/apps/details?id=de.mpg.mpdl.www.datacollector.app

da investigação são mais fiáveis e menos coincidentes. De acordo com o resultado, o resultado do protótipo está muito acima da média em termos de qualidade pragmática e qualidade hedónica. Está quase próximo do produto desejado. O resultado mostra que a aplicação é um pouco orientada para a tarefa, o que faz sentido porque a aplicação foi especificamente concebida para a recolha de dados.

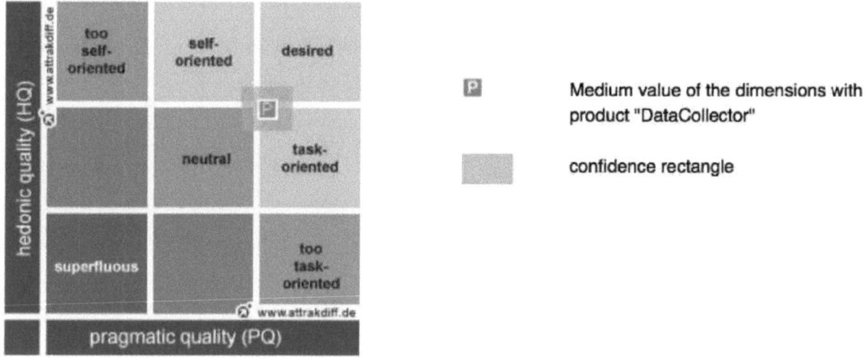

Figura 6.1: Resultado do teste AttrakDiff

6.2 Teste de compatibilidade

O suporte na versão mínima do Android 4.0.3 Ice Cream Sandwich, que já é uma versão bastante baixa das versões actuais do sistema Android. De acordo com o resultado do teste de compatibilidade da Google Play Store6.2, a nossa aplicação suporta 7351 dispositivos no número total de todos os possíveis 10214 dispositivos disponíveis. Uma vez que os dispositivos Android são extremamente diversos, distribuídos por muitos fabricantes diferentes, e que existem muitas versões antigas do sistema Android no mercado, a compatibilidade da nossa aplicação é suficientemente boa para cobrir a maioria dos cenários de utilização que propusemos no primeiro capítulo.

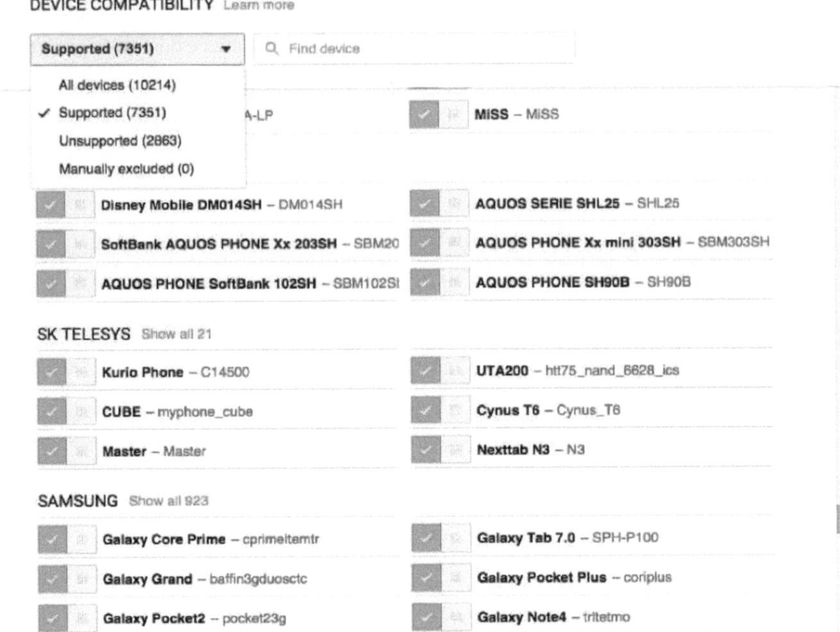

Figura 6.2: Teste de compatibilidade de dispositivos do Google

6.3 Linha do tempo

De acordo com a Figura 6.3, podemos ter uma ideia intuitiva de como o projeto foi organizado a partir deste gráfico de Gantt. Temos cinco etapas, em que a etapa 0 é o ponto de partida. Começamos com o design da interface, todas as caraterísticas principais foram feitas quando estas duas tarefas foram concluídas. Isso é para o marco-1. Depois começámos a trabalhar com a API Rest, que é o marco-2. Depois disso, as funcionalidades Vista do coletor, Vista de lista e Vista de PI foram implementadas no marco 3. Por último, mas não menos importante, implementámos a interface para o serviço de análise, que é o marco-4. A implementação do código está licenciada ao abrigo da Licença Apache, Versão 2.0 e o código está alojado no Github.[2]

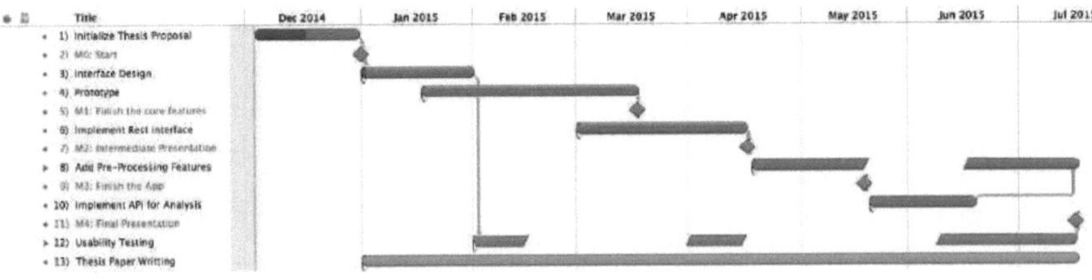

Figura 6.3: Gráfico de Gantt

---

[2] ttps://github.com/shidh/DataCollectorAndroid

CAPÍTULO 7
CONCLUSÃO

Neste contexto, propusemos uma arquitetura de sistema de três níveis para recolher dados em dispositivos móveis, persistir os dados no armazenamento de dados RESTful e analisar os dados em micro serviços adicionais. O cliente móvel Android contém o componente Collector, o componente DataList, o componente POI e o componente REST. O Collector recolhe dados criando diferentes tipos de itens de dados com os medatata correspondentes e carrega os dados para o backend RESTful. O DataList mostra uma lista dos dados recolhidos e a vista detalhada de cada dado. O POI é a parte interessante que mostra o conjunto de dados relacionados como um POI no mapa.

7.1 Discussão

7.1.1 Integrar o serviço de análise

O componente Modeling contém os objectos abstractos do processo de recolha de dados, que podem ser muito genéricos para muitos cenários semelhantes. A componente de rede REST é o módulo autónomo que funciona independentemente da parte da IU da aplicação. Em combinação com o serviço Imeji, o projeto pode integrar qualquer projeto que aplique a interface API RESTful. Devido ao facto de este projeto ser de código aberto, é fácil modificar qualquer parte das interações UI ou implementações de camadas profundas.

A análise de micro-serviços é o terceiro componente principal da arquitetura que propusemos, mas não discutimos esta parte em pormenor devido ao âmbito da investigação. O último profuso que recolhemos de dados não é mais do que a análise dos dados, pelo que os micro-serviços de análise de dados específicos são uma poderosa extensão possível deste projeto.

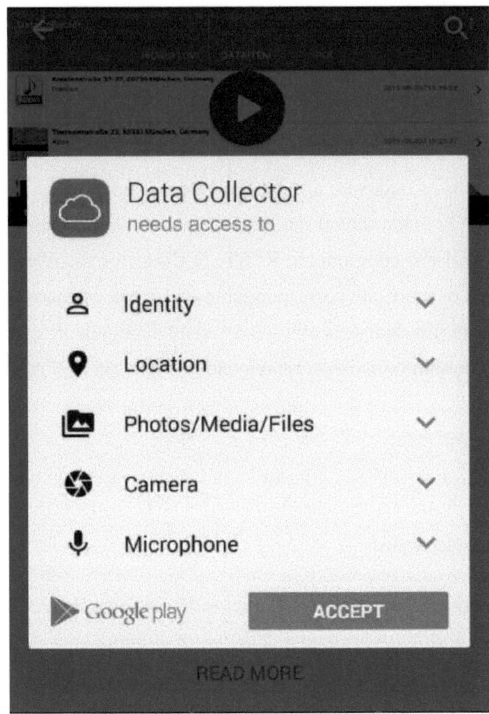

Figura 7.1: Permissões de aplicações

7.1.2 Preocupações com a privacidade

Os smartphones contêm muitos dados privados, pelo que a privacidade é um dos maiores problemas na recolha de dados móveis. Durante o teste de usabilidade, obtivemos feedback sobre as preocupações com a privacidade no que diz respeito à instalação da aplicação por algumas vezes. Uma vez que a aplicação tem de monitorizar os dados reais de geolocalização do utilizador e será publicada no nosso servidor, alguns utilizadores rejeitarão simplesmente a instalação da aplicação. Para os utilizadores que não nos conhecem bem, a privacidade é um dos maiores problemas. Este é também um grande problema para a maioria dos projectos comuns de recolha de dados, de acordo com o artigo de Daniel T. Wagner, Large-scale mobile data collection[4], Mobile Device Identifier Data Collection and Analysis for Transportation Intelligence Purposes: Applications, Uncertainty and Privacy[8] de Yegor.

A privacidade da aplicação Android está relacionada com as permissões explícitas. A aplicação atual já requer as permissões mais básicas que têm de ser concedidas para realizar as funcionalidades. A Figura 7.1 mostra as permissões de que necessitamos para instalar a aplicação. A investigação de Nicolas [17] discutiu como aumentar o incentivo dos participantes e encorajá-los a contribuir para as experiências de deteção. Acreditamos que responder às dúvidas dos utilizadores é uma solução útil para os convencer.

O transporte de dados entre a aplicação e o servidor é protegido por HTTPS (TLS) e o servidor está alojado no centro de servidores na nuvem da MPDL. O controlo de acesso é feito pelo cabeçalho de autenticação básica, que é a codificação base64 do nome de utilizador e da palavra-passe do utilizador.

7.1.3 Trabalhos futuros e questões em aberto

Crowdsensing Crowdsensing é um conceito semelhante ao crowdsourcing, que se refere ao envolvimento de um grupo grande e diferente de participantes para recolher dados individualmente. Esta abordagem tem sido utilizada em vários estudos de investigação específicos, incluindo investigação sobre saúde mental [6], rastreio móvel do tráfego [7] e monitorização ambiental [17].

Análise de micro-serviços Como mencionámos anteriormente, a análise de micro-serviços é uma extensão potencial deste projeto. A razão pela qual recolhemos dados é para análise, Shota Bakuradze, outro estudante de mestrado na TUM, está a trabalhar a parte da análise como seu tópico.

Privacidade e segurança A privacidade e a segurança são o tema principal de quase todas as publicações de investigação relacionadas com a recolha de dados. Como podemos garantir a privacidade dos utilizadores? Uma abordagem popular para proteger a privacidade é o k-anonimato[18], que remove qualquer informação de identificação dos dados antes de os partilhar. Mas mesmo os dados anónimos dos sensores de localização podem ser utilizados para inferir os indivíduos que visitaram cada localização no nosso caso. Outra abordagem para preservar a privacidade é a abordagem baseada na perturbação dos dados, que adiciona ruído aos dados antes de os tornar públicos [19]. Para potenciais questões de segurança, já encriptámos o transporte de dados, mas não encriptámos os dados no contexto do armazenamento.

7.2 Resumo

Apresentámos uma abordagem baseada em dispositivos móveis para a recolha e armazenamento de dados com uma arquitetura de sistema completa e um protótipo. Permite que os utilizadores normais aproveitem as vantagens dos dispositivos móveis e do sistema Imeji com um custo mínimo em termos de um dispositivo Android barato em comparação com sensores profissionais e uma utilização fácil da aplicação.

Devido ao facto de a abordagem ser baseada em dispositivos móveis, podemos tirar partido das caraterísticas nativas dos dispositivos. Por exemplo, o vasto tipo de sensores e a funcionalidade flexível da rede celular. O utilizador pode recolher dados de forma rápida e intuitiva, carregá-los através da rede celular ou simplesmente guardar os dados em cache e carregá-los quando quiser. O utilizador pode ter uma visão geral rápida dos dados recolhidos sob a forma de lista de dados ou de POI no mapa. Além disso, a abordagem não é apenas uma aplicação móvel, podendo ser implementado um servidor de armazenamento REST adaptável e um possível serviço de análise, que é altamente extensível e reutilizável.

Bibliografia

[1] J. Burke et al., "Participatory sensing," Workshop on World-Sensor-Web, co-localizado com ACM SenSys, 2006.
[Em linha] Disponível: http://www.sensorplanet.org/wsw2006/

[2] N. Lane et al., "A survey of mobile phone sensing," IEEE Communications Magazine, vol. 48, no. 9, pp. 140-150, 2010.

[3] Raghu K. Ganti et al., Mobile Crowdsensing: Current State and Future Challenges.IEEE Communications Magazine, Volume 49, Issue 11, novembro de 2011. [Online] Disponível em: http://irl.cs.ucla.edu/ yefan/papers/IEEE-Com-Mag-11.pdf

[4] Daniel T. Wagner et al., Large-scale mobile data collection.[Online] Disponível: https://www.cl.cam.ac.uk/ acr31/pubs/wagner-bigdata.pdf

[5] Artigo de investigação de Giuseppe Cardone MSF: Uma estrutura eficiente de deteção de telemóveis, 30 de janeiro de 2013

[6] Andrea Gaggioli et al., A mobile data collection platform for mental health research [Em linha] Disponível: http://link.springer.com/article/10.1007/s00779-011-0465-2

[7] Francesco Calabrese et al., Understanding individual mobility patterns from urban sensing data: Um exemplo de traço móvel [Online] Disponível:
http://www.sciencedirect.com/science/article/pii/S0968090X12001192

[8] Yegor Malinovskiy et al., Mobile Device Identifier Data Collection and Analysis for Transportation Intelligence Purposes: Aplicações, incerteza e privacidade

[9] Rodgers, Peter. "Desenvolvimento orientado a serviços no NetKernel - padrões, processos e produtos para reduzir a complexidade do sistema". CloudComputingExpo. http://sys-contv.sys-con.com. Recuperado em 19 de agosto de 2015

[10] R. Grady, Practical Software Metrics for Project Management and Process Improvement. Prentice Hall, 1992.

[11] B. Rosson e J.M. Carrol, Usability Engineering: Scenario -Based Development of Human Computer Interaction, Morgan Kaufman, 2001

[12] Jose Ignacio et, Microservices: Descrições de Serviços Leves para o Estilo Arquitetónico REST [Online] Disponível:
http://oa.upm.eS/8128/1/INVE_MEM_2010_81293.pdf

[13] Roy Thomas Fielding, Architectural Styles and the Design of Network-based Software Architectures, UNIVERSIDADE DA CALIFÓRNIA, DOCTOR OF PHILOSOPHY DISSERTATION. [Online] Disponível:
https://www.ics.uci.edu/ fielding/pubs/dissertation/fielding_dissertation.pdf

[14] N. Freed, J. Klensin e J. Postel. Extensões de correio da Internet para fins múltiplos (MIME)

Parte Quatro: Procedimentos de registo. Internet RFC 2048, novembro de 1996.

[15] R. T. Fielding, J. Gettys, J. C. Mogul, H. F. Nielsen, L. Masinter, P. Leach e T. Berners-Lee. Protocolo de transferência de hipertexto - HTTP/1.1. Internet RFC 2616, junho de 1999. [Obsoletos RFC 2068, Jan. 1997.]

[16] Alen Huskanovic. Usando Android Annotations e Active Android development frameworks [Online] Disponível: https://bib.irb.hr/datoteka/717981.pdf

[17] Nicolas Haderer, Romain Rouvoy, Lionel Seinturier. Uma investigação preliminar dos incentivos aos utilizadores para alavancar as actividades de crowdsensing. 2.º Workshop Internacional IEEE PerCom sobre tópicos quentes em computação pervasiva (PerHot), março de 2013, San Diego, Estados Unidos. Sociedade de Computação IEEE, pp.199-204, 2013

[18] L. Sweeney, "k-anonymity: A model for protecting privacy," International Journal of Uncertainty, Fuzziness, and Knowledge-based Systems, vol. 10, no. 5, pp. 557-570, outubro de 2002.

[19] R. Agrawal e R. Srikant, "Privacy preserving data mining", em Proc. of ACM Conf. on Management of Data, maio de 2000, pp. 439-450.

Printed by Books on Demand GmbH, Norderstedt / Germany